QUESTION DE SYRIE.

PARIS

SCHILLER, IMPRIMEUR-LIBRAIRE,

RUE DU FAUBOURG-MONTMARTRE

—

1861

QUESTION DE SYRIE.

I

Vers la fin de juin et au commencement de juillet 1860, arrivèrent en Europe les nouvelles des massacres de Syrie. Elles produisirent une sensation profonde mêlée d'étonnement et d'indignation.

Ceux qui connaissaient un peu l'Orient furent non pas moins indignés, mais un peu moins surpris de cette révélation d'un état de choses latent, mais très-appréciable depuis plusieurs années. Pour eux, la fin de la guerre de Crimée avait été le début d'une recrudescence de fanatisme, en même temps qu'elle marquait le point de départ d'une décadence de plus en plus irrémédiable de l'empire ottoman. Les événements de Djeddah et de l'Inde avaient déjà dû avertir l'Europe de cette situation.

En Syrie elle s'était compliquée de causes locales, mais en somme secondaires. La haine de race et de tribu, de Maronites à Druses, n'eût pas eu de pareilles conséquences dans un pays policé et administré. Tout gouvernement réellement organisé eût empêché les massacres, réprimé les premiers troubles et pourvu à l'ordre moral de la contrée. Il eût, en un mot, été capable de deux choses : le maintien de l'ordre et la prévoyance gouvernementale.

Les Turcs, au contraire, n'ont pu remplir ni l'une ni l'autre de ces obligations, les premières et les plus essentielles de tout gouvernement. Loin de là, hostiles par intérêt, pendant la paix, à toute organisation du Liban, ils se sont montrés, au moment des troubles, ineptes, indifférents d'abord, pour devenir bientôt complices actifs.

C'est cette conduite de l'administration, de la police et de l'armée, de tout ce qui constitue et représente l'autorité turque en Syrie qui donne aux faits leur véritable caractère de haute gravité, car ce qui en est ressorti, avec une évidence que personne n'a niée, c'est l'incapacité absolue des Turcs à gouverner désormais des pays chrétiens.

Ces massacres de Syrie, c'était donc la question d'Orient qui, quatre ans après la guerre de Crimée, imposait de nouveau à l'Europe la nécessité d'une solution, solution restreinte il est vrai à une portion minime de territoire, mais pleine d'urgence, et dont l'attermoiement eût été gros de dangers pour la paix générale.

L'Europe montra de la répugnance à accepter la question ainsi posée. A part la Russie, toujours prête à sonner la charge contre l'Empire turc, les autres grandes puissances ne songent qu'à ajourner la crise, et en pensant à la difficulté immense de s'entendre sur le partage de cette vaste succession, on conçoit leur hésitation et on en reconnaît la sagesse. Mais l'opinion en Europe, en France, et surtout (nous avons pu le constater par nous-mêmes) en Orient, s'étonnait et s'émouvait de ce retard. On avait bien, dès les premières nouvelles, usé des moyens que les stations navales des Etats maritimes dans le Levant mettent à la disposition des agents diplomatiques et consulaires pour la protection de leurs nationaux. Mais c'étaient de trop faibles ressources pour la gravité des circonstances (1). Après les massacres d'Hasbeya, Zakhlé, Deïr-el-Kamar, on venait d'apprendre ceux de Damas où la participation des Turcs était de plus en plus évidente. Si la crise, fort contagieuse par l'effet du fanatisme, gagnait d'autres contrées de la

----

(1) Ce concours ne fut cependant pas sans utilité. Les habiles dispositions de M. de la Roncière, chef de notre station navale du Levant, contribuèrent au moins à maintenir la tranquillité sur le littoral de la Syrie. A Saïda, entr'autres, le lieutenant de vaisseau aujourd'hui capitaine de frégate Kranlz, commandant la *Sentinelle*, parvint, par ses mesures énergiques, à préserver d'un massacre imminent plusieurs milliers de chrétiens réfugiés dans le khan de la ville.

Turquie, la question dépassait le Liban, devenait européenne, compromettait la paix du monde. L'administration turque était jugée, déclarée impuissante, incapable, coupable, jusque dans la Chambre des communes. L'Angleterre sentait que, pour le maintien même de l'empire ottoman, il fallait se hâter de le remplacer dans une tâche qu'il ne pouvait remplir ; la Turquie finissait par comprendre qu'une plus longue opposition à l'intervention de l'Europe attirerait sur sa tête une animadversion qu'il n'eût pas été prudent pour elle de braver ; on accepta l'offre d'une conférence faite de prime-abord par le gouvernement français, et le 3 août les plénipotentiaires des cinq puissances et celui du sultan signaient les conventions suivantes :

Premier protocole de la conférence tenue au ministère des affaires étrangères le 3 août 1860.

Sa Majesté Impériale le sultan voulant arrêter, par des mesures promptes et efficaces, l'effusion du sang en Syrie, et témoigner de sa ferme résolution d'assurer l'ordre et la paix parmi les populations placées sous sa souveraineté, et Leurs Majestés l'Empereur des Français, l'empereur d'Autriche, la reine du royaume-uni de la Grande-Bretagne et d'Irlande, Son Altesse Royale le prince régent de Prusse et Sa Majesté l'empereur de toutes les Russies ayant offert leur coopération active, que Sa Majesté le sultan a acceptée, les représentants de Leurs dites Majestés et Son Altesse Royale sont tombés d'accord sur les articles suivants :

Art. 1er. Un corps de troupes européennes, qui pourra être porté à douze mille hommes, sera dirigé en Syrie pour contribuer au rétablissement de la tranquillité.

Art. 2. Sa Majesté l'Empereur des Français consent à fournir immédiatement la moitié de ce corps de troupes. S'il devenait nécessaire d'élever son effectif au chiffre stipulé dans l'article précédent, les hautes puissances s'entendraient sans retard avec la Porte par la voie diplomatique ordinaire sur la désignation de celles d'entre elles qui auraient à y pourvoir.

Art. 3. Le commandant en chef de l'expédition entrera, à son arrivée, en communication avec le commissaire extraordinaire de la Porte, afin de combiner toutes les mesures exigées par les circonstances et de prendre les positions qu'il y aura lieu d'occuper pour remplir l'objet du présent acte.

Art. 4. Leurs Majestés l'Empereur des Français, l'empereur d'Autriche, la reine du royaume-uni de la Grande-Bretagne et d'Irlande, Son Altesse Royale le prince régent de Prusse et Sa Majesté l'empereur de toutes les Russies promettent d'entretenir les forces navales suffisantes pour concourir au succès des efforts communs pour le rétablissement de la tranquillité sur le littoral de la Syrie.

Art. 5. Les hautes parties, convaincues que ce délai sera suffisant pour atteindre le but de pacification qu'elles ont en vue, fixent à six mois la durée de l'occupation des troupes européennes en Syrie.

Art. 6. La Sublime-Porte s'engage à faciliter autant qu'il dépendra d'elle la subsistance et l'approvisionnement du corps expéditionnaire.

Il est entendu que les six articles précédents seront textuellement convertis en une convention qui recevra les signatures des représentants soussignés aussitôt qu'ils seront munis des pleins pouvoirs de leurs souverains, mais que les stipulations de ce protocole entreront immédiatement en vigueur.

Monsieur le chargé d'affaires de Prusse, toutefois, fait observer que la distribution actuelle des bâtiments de guerre prussiens peut ne pas permettre à son gouvernement de coopérer, dès à présent, à l'exécution de l'article 4.

Fait à Paris, le 3 août 1860, en six expéditions.

> THOUVENEL.
> METTERNICH.
> COWLEY.
> REUSS.
> KISSÉLEFF.
> AHMET VEFYK.

Deuxième protocole de la conférence tenue au ministère des affaires étrangères le 3 août 1860.

Les plénipotentiaires de la France, de l'Autriche, de la Grande-Bretagne, de la Prusse et de la Russie, désirant établir, conformément aux intentions de leurs cours respectives, le véritable caractère du concours prêté à la Sublime-Porte aux termes du protocole signé le même jour, les sentiments qui leur ont dicté les clauses de cet acte et leur entier désintéressement, déclarent, de la manière la plus formelle, que les puissances contractantes n'entendent poursuivre ni ne poursuivront, dans l'exécution de leurs engagements, aucun avantage territorial, aucune influence exclusive, ni aucune concession touchant le commerce de leurs sujets et qui ne pourrait être accordée aux sujets de toutes les autres nations.

Néanmoins, ils ne peuvent s'empêcher, en rappelant ici les actes émanés de Sa Majesté le sultan, dont l'article 9 du traité du 30 mars 1856 a constaté la haute valeur, d'exprimer le prix que leurs cours respectives attachent à ce que, conformément aux promesses solennelles de la Sublime-Porte, il soit adopté des mesures administratives sérieuses pour l'amélioration du sort des populations chrétiennes de tout rite dans l'empire ottoman.

Le plénipotentiaire de Turquie prend acte de cette déclaration des représentants des hautes puissances et se charge de la transmettre à sa cour, en faisant observer que la Sublime-Porte a employé et continuera à employer ses efforts dans le sens du vœu exprimé ci-dessus.

Fait à Paris, le 3 août 1860, en six expéditions.

THOUVENEL.
METTERNICH.
COWLEY.
REUSS.
KISSÉLEFF.
AHMET VÉFYK.

Ces protocoles, si l'on examine leurs dispositions essentielles, constatent d'abord l'intention formelle des grandes puissances, puisqu'on était forcé d'aborder la question d'Orient et d'intervenir entre le sultan et ses sujets chrétiens, de restreindre au moins cette intervention autant que possible et de ne l'autoriser que là où la situation était devenue intolérable. La Russie ayant essayé, comme déjà lors du traité de Paris en 1856, d'obtenir l'insertion d'une clause qui autorisât d'avance l'intervention de l'Europe dans toute partie de l'empire turc où la sécurité des chrétiens serait compromise, vit sa tentative échouer pour la seconde fois.

Le deuxième caractère de la convention du 3 août, c'est la prise de tutelle par l'Europe des pays chrétiens gouvernés par les Turcs. La reconnaissance de l'incapacité gouvernementale de ceux-ci, quoique non formellement exprimée dans les articles, est implicitement contenue dans le fait même de l'intervention de l'Europe, représentée au point de vue matériel par 6,000 soldats français, au point de vue politique par les cinq commissaires des grandes puissances.

Leur mission aux uns et aux autres, nettement formulée par la convention, consistait à rétablir la tranquillité en Syrie (article 1er) et à prendre des mesures pour la pacification de la contrée (art. 6). Elle fut précisée et développée dans des instructions envoyées ultérieurement aux commissaires de chaque puissance.

Quant à la seconde convention, son premier alinéa paraissait disté par un sentiment de prévoyance et jusqu'à un certain point de défiance des gouvernements les uns envers les autres, et sa dernière partie était un témoignage d'intérêt donné aux populations chrétiennes des autres parties de l'empire turc, sans aller jusqu'à poser le droit d'intervention réclamé par la Russie.

La partie essentielle de l'acte diplomatique du 3 août peut donc se résumer ainsi :

Intervention matérielle et morale de l'Europe entre la Porte et ses sujets chrétiens, qu'elle est reconnue incapable de protéger et d'administrer, ladite intervention ayant un but nettement défini : rétablir l'ordre, réorganiser le pays de manière à y ramener la sécurité.

Ce but, on pensa que six mois suffiraient pour l'atteindre; on fixa donc ce terme à notre occupation militaire. Mais on s'aperçut bientôt qu'il serait trop court, et malgré les vives répugnances de l'Angleterre, la convention accessoire du 19 mars prolongea le délai au 5 juin. Nous touchons à cette date. Le but que l'Europe se proposait est-il atteint ?

<h1 style="text-align:center">II</h1>

Aux termes de la convention du 3 août, développée par les instructions envoyées le 16 août aux commissaires des cinq puissances, l'intervention avait pour but :

1º Le rétablissement de la tranquillité dans le pays ;

2º La punition des coupables ;

3º La réparation des désastres éprouvés par les chrétiens ;

4º La réorganisation administrative de la montagne du Liban.

Le rétablissement de la tranquillité ne pouvait s'obtenir que par le moyen d'une force publique sûre. Ce moyen n'était pas en la possession de la Turquie. Fuad pacha, avec ses 20 à 25,000 hommes, n'eût rien fait livré à lui-même. M. Thouvenel a pu le dire à lord Cowley sans provoquer de réclamations de sa part. Ce n'est pas le nombre, c'est l'organisation qui fait la force : 25,000 hommes sans solde, sans discipline, plutôt hostiles que favorables à une mission de pacification dans le Liban, ce n'était pas là une force publique organisée. Elle ne pouvait se trouver que chez une armée européenne ; notre corps expéditionnaire y pourvut.

De même, la punition des coupables ne pouvait être assurée qu'en donnant mission de les poursuivre à une justice sérieuse armée de moyens d'exécution. C'est ce qui n'eut pas lieu. Le représentant de la Turquie se chargea d'aller seul punir les grands coupables de Damas, et, d'un autre côté, quand nos troupes voulurent cerner les meurtriers, Fuad pacha sut, en offrant de partager la besogne avec nous, faire échouer complétement notre expédition. Les Druses gagnèrent le Haùran par les défilés que leur ouvrirent les troupes turques.

Les Anglais ont fait grand étalage des actes de rigueur exercés contre les coupables. M. de Royer, dans son rapport au Sénat, rapport plutôt approbatif de la marche des choses en Syrie depuis l'intervention, constate lui-même qu'à part les cent quatre-vingt-cinq exécutions faites par Fuad pacha à Damas dans le premier moment, il n'y a presque pas eu de condamnations à mort d'exécutées en Syrie. Or, on y avait massacré 15,000 chrétiens.

La justice n'a donc eu encore presque rien à voir dans ce qui s'est fait en Syrie depuis notre intervention. Les procédés du commissaire ottoman à Damas ne seront jamais pris pour de la justice sérieuse. Selon l'expression de M. Thouvenel, ces actes semblent plutôt des vengeances que de justes châtiments.

Les instruments sont frappés et les promoteurs échappent : Saïd bey Djomblat, l'un des chefs druses les plus compromis, est condamné à mort; mais il y a sursis et l'Angleterre demande sa vie. Qu'eût-elle dit, il y a trois ans, dans sa généreuse et légitime exaspération contre les massacreurs de femmes et d'enfants de Cawnpore et de Delhi, si à ce moment une autre puissance eût prétendu lui interdire la juste punition des brigands? Et, pourtant, il y a eu plus d'une femme éventrée par les assassins, plus d'un enfant coupé en morceaux sur les genoux de sa mère! Les Turcs, dira-t-on. Eh bien! qu'on frappe les Turcs, mais qu'on frappe haut.

Ainsi les massacrés n'ont pas été vengés, les coupables pas ou presque pas châtiés. Aussi la sécurité est-elle nulle dans le Liban. A une heure des tentes françaises on assassine les chrétiens; ceux-ci ont été saisis d'une terreur profonde à l'annonce de notre prochaine évacuation. Beaucoup émigrent; les Arabes eux-mêmes d'Abd-el-Kader ne se croient plus en sûreté. La justice n'a pas fait son salutaire effet.

Quant aux indemnités, il ne paraît pas qu'elles aient été encore réglées. On en a offert la plupart du temps de dérisoires. Si Constantinople est chargé de leur paiement, on peut prédire que la partie des instructions données aux commissaires, relative à la réparation du dommage causé aux chrétiens, restera une lettre morte. Là encore il fallait frapper les vrais coupables et s'adresser haut; faire rendre gorge aux pillards et aux bénéficiaires du pillage.

Enfin l'organisation administrative de la montagne du Liban est-elle décrétée? Il a transpiré peu de choses encore des débats de la commission sur ce point capital. Mais ce qui paraît acquis et ce que M. de Royer est venu déclarer à la tribune du Sénat, c'est qu'il n'y a eu encore rien d'arrêté à cet égard. D'ailleurs le départ des commissaires européens pour Constantinople indique suffisamment que c'est seulement là qu'on décidera la question.

Après ce court exposé basé sur des faits officiellement portés à la connaissance du public, il nous paraît superflu de demander encore si le but que l'Europe se proposait de son intervention en Syrie a été atteint.

La tranquillité matérielle existe à peine en Syrie ; la sécurité y est nulle.

Le châtiment des coupables a été une mystification jusqu'à ce jour.

L'indemnité est restée un leurre.

On ne paraît pas s'être entendu sur les bases de la réorganisation administrative du Liban, et, dans tous les cas, on n'a pas même commencé à expérimenter le nouveau mode adopté.

Devant un tel état de choses, l'Europe n'a-t-elle plus qu'à se retirer comme si tout était fini ? La France peut-elle consentir à mettre fin à sa mission protectrice ? Nous ne le croyons pas.

Les puissances européennes, y compris l'Angleterre, n'ont-elles pas, au contraire, le plus grand intérêt à ne rien brusquer et à prolonger l'occupation de la Syrie pendant le temps moralement nécessaire à l'obtention d'un résultat satisfaisant ? Nous le pensons.

III

Qu'a voulu l'Europe en intervenant en Syrie ? Sauver une situation, maintenir la paix générale en ajournant, par une prévoyance collective, le moment de la dislocation de l'empire turc. Or, si demain l'occupation de la Syrie prend fin sans qu'on puisse répondre en rien de l'avenir, la question court risque de se représenter après-demain plus menaçante qu'il y a un an.

La Turquie, dira-t-on, répond de l'ordre ; Fuad pacha a reçu des renforts. Nous répliquerons qu'en regard du passé les 30,000 nizams qui occupent la Syrie ne sont pas une garantie, et encore moins une solution.

Si nous partions, l'anarchie seule règnerait dans le Liban ; tous les rapports que l'on reçoit l'indiquent assez, et il faut que cette perspective soit bien réelle pour que les négociants anglais eux-mêmes aient apposé leurs signatures au bas de la pétition du commerce de Beyrouth.

Cela établi, quelle serait la situation de l'Europe devant de nouvelle scènes de meurtre et de désolation ? Elle ne pourrait certes rester impassible ; mais obtiendrait-on une entente générale des puissances ? referait-on une convention du 3 août ? En présence de tout ce qui se passe, c'est plus que douteux, et il y aurait, au contraire, fort à craindre qu'on ne pût s'entendre, et que chacun voulût agir pour son propre compte ; ce qui serait la guerre.

Et nous ne parlons pas de la question de dignité. Est-il de celle de l'Europe de se retirer sans avoir obtenu un seul des résultats qu'elle était allée chercher en Syrie, sans avoir ni rétabli la sécurité, ni châtié ceux qui ont fait couler à flots le sang chrétien, ni indemnisé les victimes de leurs pertes, ni réorganisé le pays ?

Qu'on songe à l'effet moral que produirait notre départ dans de telles conditions, et que l'on ose affirmer qu'il n'en résulterait pas, en Orient, au milieu d'un redoublement de haine et de mépris pour l'Occident, de nouvelles et plus générales scènes de carnage !

L'Europe ira-t-elle courir les aventures quand elle tient entre ses mains le moyen de s'en sauvegarder ? ira-t-elle compromettre la paix, besoin général et impérieux, les derniers incidents de la politique l'ont assez prouvé ?

Quant à la France, son intérêt dans la question ne reste pas un seul instant douteux ; il s'accorde avec ses traditions, son honneur, et les intérêts les plus essentiels de son gouvernement.

Nous avons, en Orient, à maintenir notre politique séculaire, à remplir notre mission qui a toujours été protectrice, libérale et chrétienne. La France n'a pas fait la campagne de Crimée pour tomber à Constantinople, en fait d'influence, au niveau de la Prusse, et c'est ce qui arriverait si nous quittions la Syrie dans les circonstances actuelles. Après 1840, un homme d'opinions modérées, M. Léon Faucher, a pu dire que « l'influence de la France était à peu près détruite en Europe. » C'est que rien n'est délicat comme l'attitude d'une nation européenne en Orient pour le maintien de son prestige. Dans ces pays peu civilisés, la force est le signe de la puissance et le gage du respect.

Si nous évacuons aujourd'hui la Syrie sans avoir aucun résultat acquis à présenter à nos protégés, à opposer aux Turcs, notre influence en Orient subira une défaite morale immense. Nos amis comme nos ennemis dans ces contrées croiront y voir la preuve de notre impuissance. L'Angleterre qui n'était rien en Syrie en 1840, qui y est déjà beaucoup aujourd'hui, y sera presque tout demain. Et nous croyons pouvoir le prédire, pour connaître ce terrain, en Egypte, le départ de nos troupes, sur l'insistance par trop véhémente de l'Angleterre, aurait un contre-coup des plus funestes à nos intérêts et à notre politique.

Si nous examinons la question au point de vue intérieur, nous ne voyons pas moins de motifs pour le gouvernement français de maintenir fermement sa ligne de conduite antérieure. De quelle importance n'est-il pas pour lui de ne point laisser aux mains d'un parti des pius hostiles une arme autrement puissante que la question de l'Italie et de Rome ?

Quand le clergé et le parti légitimiste se servirent de ces deux moyens d'attaque contre le gouvernement, ils eurent peu de succès ; la masse du pays est avec la politique de l'Empereur dans la question italienne. Mais il n'en serait pas de même pour la Syrie.

La sympathie générale est acquise à la cause des chrétiens du Liban ; on sent qu'il y a là une question de politique traditionnelle, de grande influence en même temps que d'humanité. Cette cause a été encore popularisée par des démonstrations extérieures, par des représentations scéniques auxquelles la présence et les applaudissements du chef de l'Etat lui-même ont donné une signification particulière. On n'a qu'à voir l'attitude des journaux de l'opposition catholique pour comprendre avec quelle vigueur, si le gouvernement français commettait la faute de le lui abandonner, ce parti s'emparerait d'un terrain si favorable, si populaire et, il faut le dire, d'un terrain où l'opposition aurait pour elle les grandes traditions de notre politique.

Ainsi, l'intérêt et la dignité de l'Europe, l'intérêt et l'honneur de la France et de son gouvernement sout d'accord pour s'opposer à l'évacuation de la Syrie dans les circonstances actuelles.

L'intérêt de l'Angleterre n'est pas différent de celui de l'Europe. Comme celle-ci, elle doit tenir à ne pas donner chance à l'avénement de plus grands désordres dans l'empire ottoman. Elle a de plus, il est vrai, des calculs particuliers en Orient ; l'Egypte, la Syrie sont les chemins les plus directs de l'Inde ; elle ne peut permettre que ces routes soient entre les mains d'aucune puissance. Rien de plus légitime. Qui oserait assumer sur sa tête la responsabilité des luttes terribles auxquelles donnerait lieu la possession exclusive de ces deux pays, par la France ou par l'Angleterre ? Quant à nous, nous ne savons ce que les événements ultérieurs peuvent amener de modifications dans nos manières de voir, mais nous pensons actuellement que, même en cas de guerre générale, la France ne devrait pas songer à s'approprier exclusivement aucune de ces deux contrées, mais plutôt à y favoriser le maintien de l'ordre et le développement d'une administration régulière sous un gouvernement autonome.

Nous sommes donc disposés à reconnaître le droit de l'Angleterre à s'opposer à toute occupation permanente de la Syrie, et à trouver justes ses susceptibilités en cette matière. En revanche, nous lui demandons de faire les concessions dictées par les intérêts généraux de l'Europe, c'est-à-dire de ne pas insister pour que la convention du 3 août 1860 prenne fin avant qu'on ait obtenu les résultats que les puissances avaient en vue quand elles la signèrent.

L'article 2 de cette convention, relatif à l'occupation de la Syrie par des forces européennes, fournit à l'Angleterre les moyens d'y participer en proportion presque égale à la nôtre. Il ne peut pas, on le comprendra, être question de diminuer, comme on l'a proposé, notre faible contingent. Nos 6,000 soldats doivent tous rester en Syrie. En présence des 35,000 hommes de Fuad pacha, toute réduction de notre effectif serait ridicule et blessante. Cette petite armée, suffisante pour représenter dignement notre occupation, est d'ailleurs trop faible pour donner lieu de notre part à aucune pensée d'agression ou d'exclusivisme attentatoire aux droits de l'Europe.

Les susceptibilités de l'Angleterre satisfaites et calmées, nous ne voyons pas pourquoi la convention du 3 août qui a lié les cinq grandes puissances, et qu'elles ont le bonheur d'avoir comme une garantie d'entente commune et de paix générale, ne serait pas conservée et étendue quant à sa durée. Il ne faut pas perdre de vue que tout caractère de permanence donné à notre occupation blesserait l'Angleterre; mais il faut concilier ce juste sentiment avec les exigences non moins légitimes de l'humanité et de la paix européenne.

Ce qui paraîtrait sage et raisonnable, ce serait *de maintenir la convention du 3 août jusqu'au moment où le nouveau mode d'administration de la montagne du Liban aurait été mis en vigueur et expérimenté.*

L'Europe rentrerait alors chez elle avec *des résultats acquis,* seule solution compatible avec ses intérêts et sa dignité.

Une telle proposition, dont la France prendrait l'initiative, entourée, quant à l'occupation de la Syrie, des garanties réclamées par les justes susceptibilités de l'Angleterre, une telle proposition ne serait pas repoussée dans la conférence.

La Russie ne pourrait faire moins que de l'appuyer, au lendemain du mémorandum du prince Labanoff. Elle aurait l'adhésion de M. de Schleinitz qui, prévoyant dans une de ses dépêches le cas où les massacres se répéteraient en Syrie après le départ des troupes françaises, exprimait la crainte qu'alors « les gouverne-
» ments ne fussent fondés à prendre des mesures qui seraient le
» coup de grâce pour le sultan. »

M. de Reichberg est lié par des déclarations analogues et serait guidé vers cette solution par le sentiment des vrais intérêts de l'Autriche en Orient.

Est-ce trop présumer de la sagesse politique de l'Angleterre que de croire qu'elle ne voudrait pas rester minorité dans les conseils européens, et qu'elle saurait adhérer à un programme qui, pour être celui de la France, n'en est pas moins celui de la modération et de la sagesse.

En résumé :

Les cinq grandes puissances, dans le but de sauvegarder la paix européenne, ont pris à leur compte la réorganisation et la pacification d'une province turque.

Six mois d'abord, neuf ensuite, ont paru nécessaires à l'achèvement de cette œuvre et ont été fixés comme limite de l'intervention européenne en Syrie. Aujourd'hui ce terme va expirer : la mission que s'était donnée l'Europe *n'est pas remplie.*

Il est en effet officiellement constaté :

Que la sécurité n'existe pas en Syrie ;

Que les meurtriers n'ont pas été punis ;

Que les indemnités dues aux chrétiens n'ont pas été payées.

Quant à la réorganisation administrative du Liban, elle est encore dans les contingents futurs.

Dans ces conditions, l'Europe ne peut pas se retirer. Le soin de sa dignité et de son influence morale ne le permet pas. De plus, l'évacuation de la Syrie, dans les circonstances actuelles, serait de nature à amener d'ici à peu en Orient, des événements qui compromettraient la paix du monde.

L'intérêt politique de la France au dehors, celui de son gouvernement à l'intérieur, s'opposent également à une solution aussi incomplète.

L'intérêt de l'Angleterre n'est point ici différent de celui de l'Europe ; ses susceptibilités naturelles relativement à la Syrie peuvent parfaitement être conciliées avec la prolongation d'une occupation qui perdra son caractère exclusivement français pour devenir européenne.

Nous concluons donc en disant que le seul terme qu'il soit sage de prévoir et de désirer à cette occupation, c'est le moment où la *nouvelle organisation politique du Liban aura été appliquée et expérimentée; car alors seulement seront acquis les résultats que l'Europe avait en vue en intervenant en Syrie.*

Pour se réunir sur ce terrain, l'Europe a la convention du 3 août, qui est aussi conforme par ses termes que par son esprit à cette solution.

Paris.—Imprimerie de SCHILLER aîné, 11, rue du Faubourg-Montmartre.

BIBLIOTHÈQUE IMPÉRIALE
IMPR.